OBSERVATIONS

AU CITOYEN CAVAIGNAC,

CHEF DU POUVOIR EXÉCUTIF,

SUR LES EFFETS DE LA CRÉATION

D'UNE

BANQUE HYPOTHÉCAIRE FONCIÈRE.

--- ⌁◦◦◦⌁ ---

LYON.

IMPRIMERIE DE DUMOULIN ET RONET,

Rue Saint-Côme, 6.

—

1848.

OBSERVATIONS

présentées

AU CITOYEN CAVAIGNAC,

CHEF DU POUVOIR EXÉCUTIF.

Citoyen,

S'il suffisait au Chef du Pouvoir exécutif d'être un excellent républicain pour que tous les besoins de la patrie fussent satisfaits, certes votre présence à la tête du pouvoir ne laisserait aucun doute à cet égard; mais malheureusement cette qualité ne suffit pas.

De bonnes lois, notamment celles qui concernent les finances, sont indispensables pour parer, non-seulement à la fâcheuse situation actuelle de tous., mais encore pour amener la prospérité publique.

Si l'on juge bien ce qui se fait en finances depuis quelque temps et les quelques paroles prononcées par le citoyen ministre actuel des finances, il y a lieu de présumer que l'ancien système financier de la monarchie est continué par le gouvernement républicain.

C'est-à-dire, qu'il y aura successivement des emprunts ruineux pour l'Etat; que les propriétés de l'Etat seront vendues au profit des usuriers privilégiés et soutenus par l'État même ; tels par exemple , les actionnaires de la Banque de France , dont le gouvernement républicain a fait une puissance bien plus grande que ne l'avait fait la monarchie, et tout cela pour parer à la situation du moment :

Banque, qui est, on peut le dire sérieusement, la seule maison de banque aujourd'hui du pays ;

Banque , qui est une telle puissance , qu'elle dicte les traités qu'elle contracte avec l'État ;

Banque , qui soutiendra son crédit et le verra s'accroître, non par les masses d'effets qu'elle escomptera au commerce et à l'industrie , la décadence de l'une et de l'autre étant certaine avec le système financier actuel, mais bien par les nombreux intérêts et avantages qu'elle retirera de l'État.

Et, chose qui sera remarquable, c'est que l'État, toujours aux expédients, verra décroître en même temps son crédit et finira par le perdre entièrement.

Le jeu de bourse, reprenant plus ou moins son empire, attirera à lui autant de capitaux qu'il pourra ; et, comme par le passé , l'industrie, le commerce et l'agriculture en manqueront et ne se relèveront pas.

La corruption du jeu continuant ses ravages achèvera de ruiner le moral et discréditera de plus en plus le gouvernement républicain , qui finira par succomber.

Il est évident que le système financier actuel tend à discréditer la propriété en éloignant d'elle les capitaux et les attirant par les emprunts à la Bourse.

Outre que ce système financier est ruineux pour le

pays , il est souverainement immoral ; il est donc utile, sous tous les rapports, de l'abandonner au plus tôt.

Je prédis et consigne ici cette prédiction, que le citoyen ministre des finances ne réussira qu'à ruiner de plus en plus la propriété et à couler tout-à-fait le commerce, l'industrie et l'agriculture, et à jeter l'Etat dans des embarras inextricables, mettant même son existence en danger, si toutefois il n'en périt pas.

Et que le citoyen ministre ne réussira même pas à attirer à la Bourse la confiance qu'il convoite à grands frais pour elle.

On a beaucoup parlé d'ordre, et on a dit qu'il fallait à tout prix l'obtenir ; qu'ensuite la confiance, le gouvernement aidant, reviendrait nécessairement, l'Etat déclarant tenir tous les engagements contractés par les précédents gouvernements.

Oui, il fallait obtenir l'ordre à tout prix, car sans ordre aucun gouvernement n'est possible, et il était aussi très-rationnel de déclarer que tous les droits seraient respectés, sans cela aucune société n'est possible.

Mais il ne faut pas s'abuser sur la confiance telle qu'elle doit être entendue.

Si l'on a entendu que la confiance reviendrait chez tous, et notamment chez les possesseurs d'écus, on s'est amèrement trompé.

La confiance peut bien venir chez ceux qui vivent de leur travail, mais elle ne reviendra pas de longtemps chez ceux qui possèdent, et notamment chez ceux qui ont la plus grande partie de leur fortune en numéraire. Les gens qui ont des écus et qui peuvent se passer de travail pour vivre, aiment mieux les enfouir que de les placer n'importe où.

Le commerce et l'industrie présentent trop de périls aujourd'hui; la propriété est trop chargée d'impôts, et elle est même menacée dans sa valeur par le projet sur les successions présenté par le ministre actuel des finances; les fonds publics, mais la banqueroute de l'Etat est à craindre.

Le plus sûr pour ceux qui possèdent des écus est donc de les laisser inactifs et d'attendre.

Tout le monde sait qu'un gouvernement nouveau a des phases plus ou moins pénibles à traverser avant de s'établir radicalement dans l'opinion publique; dans cet état, il est donc prudent pour tous ceux qui possèdent de voir venir; et en attendant, ceux qui ne possèdent pas ou qui ne possèdent pas assez, étant privés de capitaux, souffrent et enfin périssent.

Et quelque bonne volonté qu'ait l'Etat de leur venir en aide, il ne le peut pas, puisque lui-même, pour satisfaire ses besoins, est obligé de faire des emprunts onéreux pour la nation, les impôts étant insuffisants et ne pouvant être perçus en entier.

Tout le monde connaît les charges énormes qui pèsent sur la nation; beaucoup croient, vu les souffrances inouïes, que tout annonce devoir se propager, que lesdites charges écraseront l'Etat et qu'il finira par faire banqueroute.

Ainsi, on est déjà bien loin de croire que le gouvernement républicain améliorera le sort du pays financièrement parlant; c'est cependant sur quoi l'on comptait et sur quoi on devait raisonnablement compter.

Un journal, attaché aux hommes qui préconisaient et choyaient la dynastie déchue, avec laquelle ils faisaient très-bien leurs affaires, sonne l'alarme en jetant la pierre aux hommes qui sont actuellement au pouvoir; je veux bien qu'il y ait de sa part ambition, vanité et mauvais vouloir contre le gouvernement républicain, mais toujours est-il qu'il dit avec raison que le gouvernement actuel ne fait pas mieux pour la nation que le pouvoir déchu. Voici la phrase, elle est du *Constitutionnel* du 21 juillet :

« Vous vouliez organiser un budget démocratique, au-
« tre conséquence de la révolution, et vous avez agrandi
« le gouffre où nos finances sont menacées de périr; n'at-
« taquez pas l'inintelligence de vos adversaires, tant
« d'orgueil ne vous est pas permis. »

Le mal résultant du mauvais système financier d'alors, et qui se continue encore aujourd'hui, avait fait de grands ravages avant le 23 février dernier; mais les aveugles et cupides gouvernants d'alors s'en moquaient, parce que leurs affaires personnelles et celles de tous leurs soutiens s'en trouvaient bien; c'était, d'ailleurs, un système arrêté et suivi par la monarchie déchue d'élever une aristocratie d'écus et de s'en faire un appui, portant, à cet effet, la corruption dans tous les rangs de la société.

Le *National*, ami du pouvoir actuel, cite à ce sujet, le 24 juillet, la phrase suivante :

« La royauté de juillet employa tous les moyens per-

« mis et non permis pour constituer une aristocratie
« financière en remplacement de l'aristocratie territo-
« riale qui affectait de se tenir à l'écart. »

Le gouvernement républicain qui trouve ses appuis
naturels dans les intérêts généraux de la nation, doit
s'occuper sans relâche à détruire cette aristocratie des
écus tout aussi radicalement que l'ont été toutes les autres.

Que le gouvernement le sache bien, cette aristocratie
des écus est la plus sérieuse ennemie, non-seulement du
gouvernement, mais aussi de l'humanité; et ce n'est pas
seulement la puissance de ceux qui possèdent les écus en
abondance qu'il faut abattre, c'est la puissance *malfaisante des écus mêmes.* Il est de toute nécessité de les maîtriser à volonté, c'est-à-dire, faire que 100 fr. argent
prêté, ne rapportent pas beaucoup plus d'intérêt que 100 f.
employés à une acquisition de propriété immobilière.

Maîtriser le rendement du numéraire est chose facile,
il s'agit de mettre en concurrence avec lui une chose ayant
une valeur égale à la sienne et inspirant à tous une
confiance sérieuse comme celle des écus.

Avoir parlé d'abattre l'aristocratie financière, ou tout
au moins de rendre l'emploi du numéraire modéré et
supportable, c'est avoir cité la Banque hypothécaire foncière dont plusieurs publicistes et hommes pratiques ont
développé les avantages.

En vertu de cette Banque hypothécaire qui serait créée
dans chaque département par une loi, le gouvernement
émettrait lui-même les billets et les livrerait aux propriétaires emprunteurs qui paieraient à l'état un intérêt
convenu, 3 p. % par exemple; ces billets auraient cours

forcé tout aussi bien que ceux de la Banque de France ; et présenteraient une garantie bien supérieure à la garantie affectée aux billets de ladite Banque, puisque ceux-ci n'ont pour garantie sérieuse qu'un cinquième ou un sixième tout au plus en numéraire déposé dans ses coffres, et les autres cinquièmes ou sixièmes par trois signatures sur des effets de commerce, lesquelles, dans des moments critiques, peuvent faillir, ne rien valoir ou très-peu de chose, et même la partie numéraire peut disparaître par un pillage.

Tandis que les billets de la Banque hypothécaire foncière seraient parfaitement garantis en entier par des valeurs immobilières particulières bien supérieures à la valeur des billets qui seraient émis par l'Etat et livrés par lui-même à chaque emprunteur ; ces billets remplaceraient les obligations hypothécaires actuelles, et ils auraient conséquemment en garantie la même valeur que les dites obligations.

L'insouciance et l'incurie, pour ne pas dire plus, des gouvernants, sont cause de tout le mal, en donnant à l'argent tout leur appui, et l'autorisant à s'imposer de plus en plus en maître absolu. Ils n'ignoraient pas que la quantité du numéraire n'était plus en rapport avec les besoins de la société, puisque pour subvenir à l'insuffisance du numéraire, ils accordaient aux princes de la finance le privilége d'émettre à leur profit personnel des billets de banque bien au-delà de la valeur de leurs capitaux réunis.

Depuis la révolution de 89 que la terre est divisée à l'infini, que le travail va toujours croissant, et notam-

ment depuis 1814 qu'il n'y a plus de guerre , où tout
le monde est , pour ainsi dire , au travail ; que des travaux immenses ont été faits par le gouvernement , qui
a augmenté son budget de 900 millions environ ; que
les villes se sont également livrées à de grands travaux ;
que des particuliers se sont occupés de constructions considérables ; que les industries se sont mises à la torture
pour des inventions de tous genres mises à exécution ;
que l'agriculture aussi a eu besoin de capitaux, le travail s'est tellement étendu, et la nécessité de le continuer
est telle, qu'il y a danger vraiment imminent s'il ne re-
prend au plus tôt.

Et comme le numéraire est loin d'avoir augmenté dans
la proportion des besoins de tous genres , il faut donc
aviser au plus tôt à créer un signe qui en fasse l'office et
présente comme lui des garanties certaines.

Et il faut que ce signe soit nombreux , non-seulement
pour satisfaire à tous les besoins, concurremment avec
le numéraire , mais encore pour pouvoir contenir le rendement du numéraire dans de justes limites, c'est-à-dire
3 à 4 p. 100, afin que l'exercice de son emploi ne soit
plus nuisible à l'humanité.

Les détracteurs de la mesure financière proposée ne
manqueront pas de dire que le numéraire émigrera à
l'étranger, et que dans des temps de disette de blé, si le
numéraire manque, l'étranger ne nous en livrera pas.

Pour soutenir une pareille thèse, il faut peu connaître
les affaires commerciales ; d'abord l'argent ne manquera
jamais en pareil cas ; le gouvernement , à l'aide desdits
billets de banque, pourra facilement faire une réserve de

numéraire de 4 à 500 millions , et au moment d'un besoin national en faire usage dans l'intérêt de tous et à un
taux modique.

Le commerce paie en lettre de change que les étrangers négocient chez eux et reçoivent en monnaie de leur
pays.

Les heureux effets de cette mesure financière se fe-
raient sentir partout.

Le propriétaire rural , empruntant à un taux qui lui
laisserait quelque avantage , s'occuperait à bonifier sa
propriété ; il se livrerait aussi à faire défricher ses terres incultes ; une loi, corollaire de celle de la Banque
hypothécaire , devrait obliger chaque propriétaire , emprunteur ou non, à défricher annuellement une certaine
étendue de terre, et établir que si le défrichement n'avait
eu lieu dans le temps indiqué par la loi , l'Etat aurait le
droit d'exproprier les terres incultes pour utilité publique , par des ventes aux enchères, l'Etat se réservant le
droit d'acquérir, afin que dans tous les cas la terre inculte
ne reste pas en la possession du propriétaire récalcitrant,
et encore pour que l'Etat, dans un temps donné , eût la
certitude que toutes les terres fussent en culture.

Les ouvriers de la campagne étant occupés fructueu-
sement n'iraient pas dans les villes augmenter le nombre
des misérables que les diverses industries y créent lors-
que le travail vient à cesser, et qu'elles laissent mourir
de faim , et qui, en définitive, restent à la charge de la
société dont ils troublent le repos.

L'Etat, par l'abondance des capitaux, verrait les fonds
publics recherchés de plus en plus ; le 3 p. 100 s'élève-

rait facilement au pair ; ce qui mettrait le gouvernement dans le cas de convertir sa dette publique, 5 , 4 1/2 , 4 p. 100 au moins à 3 p. 100 et peut-être au-dessous , et il lui serait aisé d'acheter tous les chemins de fer exis-tants, et de se livrer à la construction de tous ceux né cessaires au bien du pays.

Et si le gouvernement était dans le besoin de recourir à l'emprunt, soit pour cas de guerre , soit pour alléger les impôts ou pour tout autre motif, rien ne lui serait plus facile de le réaliser avec les capitaux des nationaux ; il ne serait plus sous la griffe de ces financiers enrichis des dépouilles des contribuables , l'abondance des capi-taux permettrait d'effectuer les emprunts de l'Etat de 85 à 95 en 3 p. 100 et probablement au pair.

Cette mesure financière loin d'altérer les revenus de l'Etat lui serait, au contraire , infiniment profitable par les intérêts énormes qu'il recevrait des prêts qu'il ferait à la propriété, prêts qui s'élèveraient , dit-on , dans ce mo-ment de 10 à 15 milliards , et en admettant qu'ils ne s'élevassent dans le moment qu'à 10 milliards à 3 p. 100, l'Etat se procurerait un revenu annuel de 300 millions qui viendrait en décharge des contribuables.

Et l'Etat, par l'effet de l'abondance des capitaux, n'au-rait pas besoin de s'occuper de secours à donner, ni à l'industrie , ni à l'agriculture ; les nombreux capitaux, cherchant un placement, suffiraient à tout, et ceux qui cachent leurs écus , s'apercevant bientôt que l'industrie et autres besoins peuvent se passer d'eux, s'empresse-raient de mettre leurs écus en circulation.

L'industrie, n'étant plus écrasée par la rareté et la

cherté de l'argent, produirait à meilleur marché, et pourrait soutenir avec avantage la concurrence sur les marchés étrangers.

L'agriculture, empruntant aussi à bas intérêt et s'améliorant de plus en plus, produirait aussi les denrées de tous genres à meilleur marché, et toutes choses coûtant moins, 2,000 fr. de rentes alors en vaudraient autant que 3,000 aujourd'hui.

Il est bien certain que les billets de la Banque hypothécaire reflueront partout immédiatement où il y aura besoin de capitaux; les capitalistes, au fur et à mesure qu'ils seront remboursés, s'empresseront de chercher l'emploi de leur argent ou dans l'industrie, ou chez les agriculteurs, ou dans les fonds publics, ou aux villes qui sont toutes plus ou moins obérées, ou en acquérant des propriétés; et comme ce seront des billets, il n'est pas à craindre qu'ils les enfouissent.

Cette mesure financière ne nuirait donc qu'aux princes de la finance et aux usuriers, qui en général se sont constamment soustraits aux charges publiques. Quel mal y aurait-il donc que ces capitalistes et ces usuriers fussent réduits à l'impossibilité de ne plus pouvoir placer leurs capitaux aux travailleurs de tous genres au-dessus de 3 à 4 pour cent? Les propriétaires d'immeubles se trouvent bien satisfaits de cet intérêt.

Est-ce que cette mesure financière ne produirait pas de meilleurs résultats pour la nation, que les divers emprunts que le citoyen ministre des finances actuel a contracté avec la Banque de France, en lui aliénant des biens de l'Etat, et que l'emprunt onéreux à 8 pour 0/0 qu'il a contracté avec les princes de la finance, et enfin la loi qu'il propose à l'Assemblée nationale, sur les successions, contre laquelle tout le monde se récrie, parce qu'elle porte évidemment atteinte au droit de propriété ?

Toute résistance à la mesure financière proposée serait incompréhensible ; elle dénoterait évidemment que les gouvernants veulent à tout prix continuer à protéger l'aristocratie des écus, ou qu'ils ne connaissent pas la cause du mal qui afflige tout le monde, et conséquemment qu'ils ne sauront y porter remède.

Tout le monde voit et dit que les gouvernants actuels se traînent sur les mêmes errements financiers de la monarchie déchue.

Tout le monde trouve bien extraordinaire que le gouvernement accorde aux princes de la finance un droit de prélever à leur profit personnel, un intérêt exorbitant sur des billets de banque s'élevant à des sommes énormes, par le simple motif que ces billets viennent en aide au numéraire insuffisant au service des affaires du pays.

Et que le gouvernement ne veuille pas créer des billets de banque hypothécaire dont l'intérêt lui profiterait, et conséquemment à tous les contribuables.

Billets qui pourraient être émis en quantité suffisante pour venir en aide à l'insuffisance du numéraire.

Billets qui auraient pour garantie des immeubles particuliers dont la valeur serait bien supérieure à l'émission des dits billets.

Ainsi, tant que le système financier actuel, sera suivi et que la mesure proposée, ou toute autre équivalente, n'aura pas été adoptée, il sera vrai de dire que le gouvernement actuel soutient tout aussi bien l'aristocratie des écus que le gouvernement déchu.

Et que le privilége que le gouvernement démocratique a déclaré aboli partout, subsiste dans toute sa force, en ce qui concerne l'aristocratie des écus ; que même le gouvernement démocratique a augmenté le dit privilége, en ce qu'avant la révolution de février, il était facultatif à chacun de prendre les dits billets de banque et qu'aujourd'hui on est obligé de les prendre comme écus.

Si donc le gouvernement reconnaît l'utilité de créer un signe pour venir en aide au numéraire insuffisant au service des affaires du pays, il est de toute nécessité que ce signe soit garanti par des choses positives, et les immeubles particuliers font atteindre ce but aux billets de banque hypothécaire; il est rationnel aussi que ce soit l'Etat qui profite de l'intérêt que ce signe produira et non aucun établissement particulier, pas plus sous le nom de Banque de France que sous tous autres.

Ceux qui sont intéressés à ce que cette mesure financière n'ait pas lieu, ne manqueront pas de dire les choses les plus absurdes.

1° Qu'en détruisant l'aristocratie des écus, l'Etat créera un aristocratie foncière; ce raisonnement serait de toute fausseté.

Le gouvernement en prêtant à 5 pour cent à ceux des propriétaires qui auront besoin d'emprunter, ne leur accordera aucun privilége; bien loin de là il leur fera payer un intérêt, seulement la propriété au lieu d'être écrasée par des intérêts ruineux que l'aristocratie des écus lui fait supporter de 6 à 8 pour cent, avec les frais de tous genres, ne paiera plus que 3 pour cent, taux de son revenu, impôt foncier déduit; ce sera pour la propriété un avantage, il est vrai, comparé au prix onéreux auquel elle emprunte actuellement, mais cet avantage ne saurait constituer un aristocratie foncière; c'est même le contraire, puisque l'emprunteur consent à mobiliser une partie de sa propriété en faveur de tous; l'Etat et l'industrie en retireront de grands avantages, soit par les intérêts considérables que le premier en retirera, soit par l'abondance des capitaux qui seront répandus partout à bas prix, ce qui sera avantageux et à l'Etat et à l'industrie.

2° Ils diront aussi que les billets de la banque hypothécaire seraient en trop grande quantité, et qu'ils déprécieraient trop l'argent.

C'est tout le contraire qui est à craindre. Les moyens de contenir la puissance malfaisante de l'argent ne seront jamais trop puissants; c'est précisément *là où git tout le mal :* il est de toute nécessité de ne pas donner au numéraire plus de valeur qu'il n'en a réellement.

Et c'est précisément le tort qu'on a eu jusqu'ici, on a constamment trop fait de cas de lui; aussi l'a-t-on rendu plus exigeant; le dernier gouvernement a été jusqu'à l'élever à l'état d'aristocratie.

Les choses en sont venues au point qu'on est obligé de lui opposer des concurrents, pour en modérer l'exercice et le rendre supportable comme toute autre valeur.

C'est là, on ne saurait trop le répéter, *où git le mal.* Le numéraire n'est plus en assez grande quantité pour faire le service des affaires nécessitées par l'état actuel de la société, et ceux qui le possèdent, abusant de sa rareté, font payer trop cher son service.

Les capitaux numéraires sont insuffisants partout, on ne peut donc se dispenser d'émettre en abondance un signe certain qui y supplée et qui fasse que l'intérêt ne soit pas au-dessus de 3 à 4 pour cent, si on veut ramener avec succès le travail dans tous les genres et éviter un bouleversement complet de la société.

Par les heureux effets de la mesure financière proposée, la propriété particulière qui aura emprunté de l'Etat profitera évidemment plus ou moins à tout le monde; elle sera conséquemment moins jalousée, et tous les possesseurs des billets de la banque hypothécaire seront autant de défenseurs de la propriété.

Il est évident que l'exécution de cette mesure financière devrait commencer par être appliquée à des prêts sur les propriétés rurales, soit afin d'attirer le plus de bras possible à la campagne, soit aussi pour aider à produire les denrées à plus bas prix.

La révolution de février a été annoncée dès son début comme devant être sociale, c'est ainsi que tous les travailleurs et tous les amis de l'humanité l'ont accueillie; la mesure financière proposée est un des moyens les plus capables d'atteindre ce but, sans porter aucun trouble aux droits légitimes.

Ainsi, sous quelque point de vue qu'on envisage cette mesure financière, elle est favorable, elle est aussi très-démocratique; elle a cela de bon qu'elle tue la plus déplorable des aristocraties, celle des écus, celle qui a constamment fait le plus de mal à l'humanité, et qui ébranlera et tuera tous les gouvernements quels qu'ils soient, si l'on ne contient pas la puissance de l'argent dans de justes limites.

Citoyen Cavaignac, je désire ardemment que les observations que je fais ici soient utiles à l'humanité et à la nation; c'est dans cette double intention que je vous les adresse, en votre qualité de Chef du Pouvoir exécutif, avant toute publication.

Veuillez agréer l'expression des sentiments de votre très-humble et très-obéissant serviteur,

J. B.

Ex-agent-de-change, à Lyon.

Lyon, le 5 août 1848.

Lyon.— Imprim. de Dumoulin et Ronet.

Le projet de billets hypothécaires fonciers, présenté à l'Assemblée nationale par M. Hamard, de prêter 6 milliards à la propriété foncière, avec obligation par les emprunteurs de rembourser le vingtième du prêt pendant 32 ans, ne peut supporter l'examen.

Il en résulterait que l'emprunteur de 100,000 fr. rembourserait 5,000 fr. par an pendant 32 ans, soit 160,000 fr., et que les intérêts des intérêts de chaque remboursement de 5,000 francs s'élèveraient à 112,129 fr. 15 c.

Ainsi l'emprunteur de 100,000 fr. se trouverait de payer en 32 ans 572,129 fr. 15 c.

D'où il suit que les 6 milliards prêtés produiraient à l'Etat 22 milliards 527 millions 740,000 fr.

Ce serait à la propriété grevée à payer cette somme, car celui qui ne doit rien n'emprunterait pas ; c'est une jolie manière de venir au secours de la propriété.

Et pour résultat d'enrichir davantage les princes de la finance en remboursant la dette publique au pair, après la leur avoir vendue de 40 à 60 pour 100 au-dessous du pair.

Il est évident que ce projet sort du bureau du roi de la finance ou de chez ses amis coréligionnaires.

Comme tous les ans les emprunteurs payeront un 32ᵉ de 160,000 fr., il s'ensuivra que la garantie des billets diminuerait d'autant, et qu'il ne resterait que celle du gouvernement, cela ne donnera pas une valeur bien rassurante à ces écus de nouvelle espèce.

Pauvre France ! malheureuse nation ! quand sortiras-tu donc des griffes de ceux qui font un Dieu de l'argent, et qui croient t'asservir sous son joug ?